DIESES BUCH
GEHÖRT:

PETERCHENS MONDFAHRT

ODER WIE ANNA UND IHR BRUDER DAS UNIVERSUM RETTEN

Das Buch zum Film

NELSON

WUMM! Die Spielzeugmaus donnert gegen Peters Mobile und bringt sämtliche Planeten total durcheinander. Mit einem Satz hechtet Peter hin, rettet das Mobile und pflückt die Maus von der wild kreiselnden Erdkugel. „Ach Mann, Anna!“, schimpft er. Kann seine Schwester denn nicht ein bisschen besser aufpassen?
„Uiiiiiii!“ Johlend hüpft Anna in einen der Umzugskartons. „Unser neues Zimmer ist toll, oder, Peterchen?“, ruft sie begeistert und strahlt. Peter stöhnt. Wie oft muss er ihr das denn noch sagen?
„Ich heiße Peter!“, erinnert er sie.
„Okay“, meint Anna unbeschwert. „PETER!“

Im nächsten Moment macht sie schon wieder eine neue Entdeckung. „Da ist ja mein Nachtfee-Drachen!“, jubelt sie. „Dich habe ich schon überall gesucht!“

Peter seufzt leise. Seit dem Umzug in das neue Haus muss er sich ein Zimmer mit Anna teilen – und schon am ersten Tag macht ihn das völlig verrückt. Plötzlich fällt ihm etwas ein. „Wie wäre es, wenn du rausgehst und den Drachen steigen lässt?“, schlägt er vor.

„Du hast immer die besten Ideen, Peterchen!“

Anna läuft gleich los. An der Tür dreht sie sich noch einmal um und sagt: „Oh, und ich weiß: Eines Tages wirst du ein berühmter Astranaut, so wie Papa …“ Und damit stürmt sie aus dem Zimmer.

„Es heißt Astronaut!“, ruft Peter ihr nach, aber Anna ist längst zum Spielen nach draußen gelaufen. Nachdenklich nimmt Peter eines der vielen Fotos vom Regal und betrachtet es. Sein Vater war ein Astronaut, doch er kam bei einem Raketenunglück ums Leben, als Anna noch ganz klein war. Bedrückt streicht Peter über das Bild. Wäre Papa bloß noch bei ihnen!

Peter tritt ans Fenster und schaut hinaus. Gedanken wirbeln ihm durch den Kopf. Alles hier ist ihm fremd. Sein altes Zuhause war viel schöner und dort hatte er auch ein eigenes Zimmer. Und dann ist da noch die neue Schule! Was ihn da heute wohl erwarten wird? Niedergeschlagen lässt er den Blick über die triste Wiese vor ihrem Haus schweifen.

Peter ahnt nicht, dass sich nur wenige Meter von ihm entfernt der Käfer Sumsemann befindet. Vor ihm im Gras sitzen lauter kleine Käferkinder und lauschen atemlos seiner spannenden Geschichte. „Vor vielen, vielen Jahren lebten wir Käfer glücklich in unserer wunderschönen Birke“, erzählt Sumsemann. „Dort drüben stand sie!“ Er streckt einen seiner Arme aus und zeigt über die Wiese. „Doch eines Tages passierte etwas Schreckliches. Drei Männer kamen und wollten die Birke fällen.“

Erschrocken japsen die Käferchen nach Luft. „Und was geschah dann?“, wispert einer von ihnen.

„Wir versuchten unser Zuhause zu verteidigen, doch es sah nicht gut aus. Die anderen waren viel stärker! Dann hatte meine Sumsefrau eine geniale Idee“, berichtet Sumsemann. „‚Wir schaffen es nicht allein, die Birke zu verteidigen. Flieg schnell zur Nachtfee und hol sie!‘, rief sie mir zu. Natürlich machte ich mich sofort auf den Weg zum Mond. Die Nachtfee begleitete mich zurück zur Erde, aber wir kamen zu spät: Die Bösewichte hatten die Birke bereits gefällt.“

„Erbost verwünschte die Nachtfee die Unholde und sprach einen Zauber aus“, fährt Sumsemann fort. „Und schon flogen die Bösewichte hinauf zum Mond. Nur passierte bei dem Zauber leider ein Versehen: Unsere geliebte Birke verschwand mitsamt der Sumsefrau zum Mond. Und auch mein Arm steckte noch an der Birke!“
Die Käferkinder blicken ihn mitfühlend an.
„Seit vielen Jahren suche ich nun nach der Sumsefrau, dem Arm und der Birke“, sagt Sumsemann und lässt den Kopf hängen. „Es gibt nur eine Chance, sie zu retten. Wenn mir zwei mutige Kinder dabei helfen und mit mir zum Mond fliegen.“
Doch wie soll er die finden? Sumsemann hat die Hoffnung fast schon aufgegeben.

Währenddessen machen sich drüben im Haus Anna und Peter fertig für die Schule.
„Unser neues Zuhause ist so toll!“ Anna hüpft lachend auf und ab. Ununterbrochen erzählt sie begeistert die fantastischsten Geschichten von Einhörnern und Feuer speienden Tauben.
Peter verdreht die Augen. Wie kann man bloß so gute Laune haben? Und dazu noch dieses Geplapper!
„Sie hat eben eine blühende Fantasie“, meint seine Mutter und lächelt.

„Du weißt, der Umzug musste sein", erklärt seine Mutter, „aber wir werden das Beste daraus machen." Peter nickt, auch wenn er sich das gerade nicht so recht vorstellen kann.
„Bitte kümmere dich um deine kleine Schwester", beauftragt ihn seine Mutter.
„Ist gut", brummt Peter widerwillig.

Kurz darauf verabschieden sich Peter und Anna von ihrer Mutter und laufen los. Unterwegs treffen sie auf drei Jungs aus ihrer neuen Schule. „Hey, du Lutscher!“, begrüßt der Anführer Peter. „Bist du der Neue?“
„Ähm, ja, ich bin Peter“, stellt dieser sich vor.
Aber sein Name interessiert die Jungs überhaupt nicht!
„Wie wäre es mit einer Mutprobe?“, fragt der Anführer und grinst frech. Peter zögert.

Der Anführer drückt ihm eine Zwille in die Hand. „Schieß den Käfer ab!“, befiehlt er. Erschrocken schauen Peter und Anna zu dem Glas, das an einem Baum hängt. Darin befindet sich ... Sumsemann! Peter schießt absichtlich daneben. Er kann doch keine Käfer verletzen! Statt auf das Glas zielt Peter auf einen Stein am Boden und trifft durch den Rückschlag aus Versehen ein Wespennest. Die Wespen schwirren geradewegs auf die drei fiesen Jungen zu.
Schnell laufen Anna und Peter weiter. So ein Pech!
Ihr erster Schultag – und gleich gibt es Ärger!

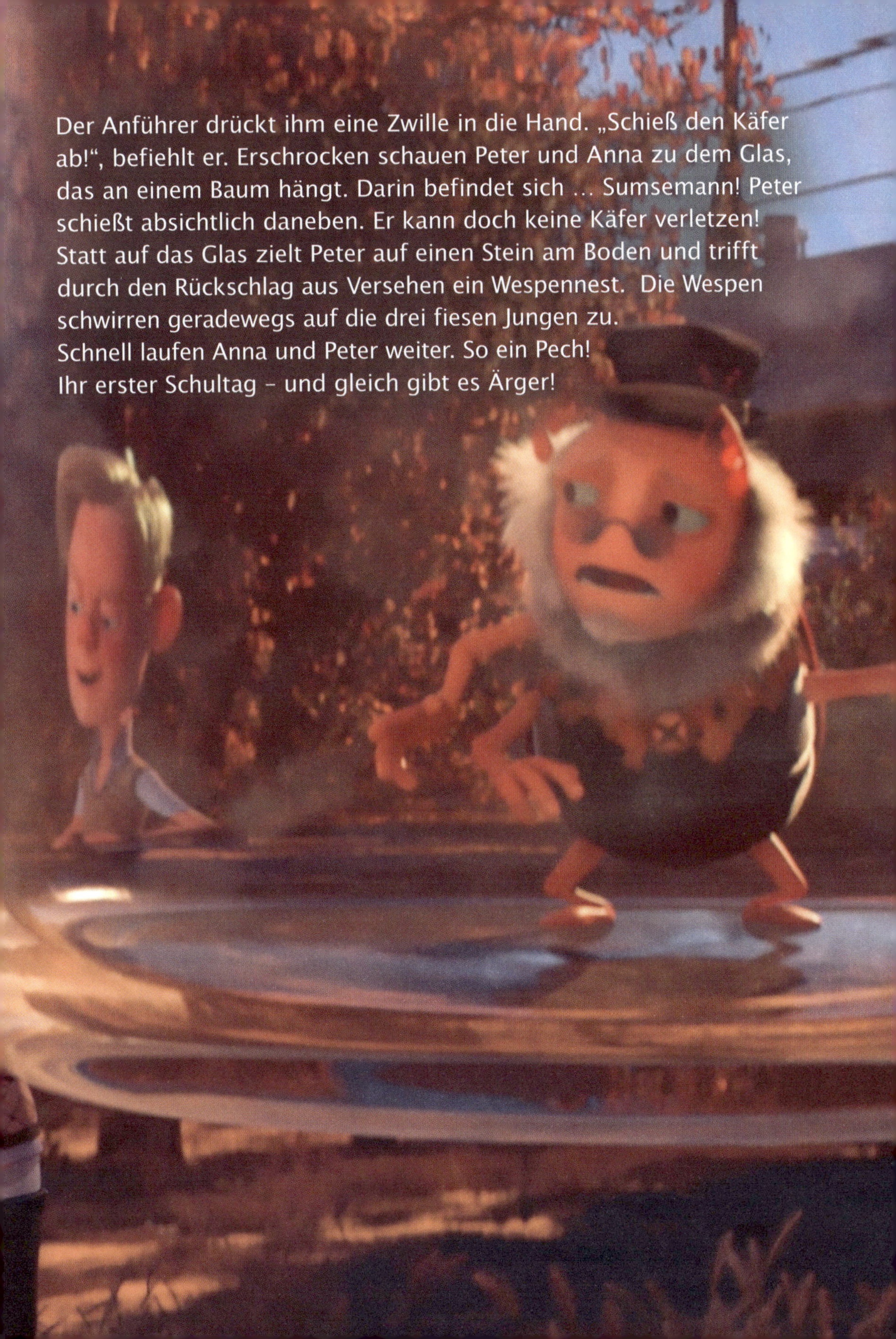

Sumsemann hat das Geschehen begeistert verfolgt. Das müssen die beiden mutigen Kinder sein, die er schon so lange gesucht hat!

Bestimmt können ihm die zwei nun dabei helfen, seine geliebte Frau, die Birke und seinen Arm zu finden.
Nachdem Sumsemann die Flucht aus dem Glas gelungen ist, sucht er den Rest des Tages nach den unbekannten Kindern. Spät in der Nacht stößt er auf das Kinderzimmer von Anna und Peter.

Endlich! Sumsemann hat die beiden Kinder gefunden!
Auch Anna freut sich: ein Käfer, der sprechen kann! Aufgeregt erzählt ihr Sumsemann seine Geschichte.
Keine Frage! beschließt Anna, nachdem er geendet hat. Natürlich wird sie Sumsemann helfen!

Rasch läuft Anna zu Peters Bett und rüttelt ihn wach. Doch der ist hundemüde und hat absolut keine Lust, sich Annas Geschichte anzuhören. „Lass mich schlafen", brummt er und scheucht sie weg. Sprechende Käfer! Auserwählte Kinder! So etwas gibt es doch nicht! „Er will nicht mitmachen", berichtet Anna kurz darauf enttäuscht.

Sumsemann ist bestürzt. Dann wird nichts aus ihrer Reise zum Mond! „Das kommt nicht infrage", entscheidet Anna. Sie möchte dem kleinen Käfer unbedingt helfen. „Vielleicht reicht ja auch ein Kind?", fragt sie und strahlt. „Wenn es so mutig ist wie zwei!"
Sumsemann lächelt glücklich. „Das könnte funktionieren", sagt er.

Und so machen sich Anna und Sumsemann umgehend auf den Weg zum Bach. Sie dürfen keine Zeit verlieren! Denn es ist Vollmond – und nur dann gelingt die Reise hinauf in den Himmel.
Sumsemann erklärt Anna, was sie tun muss. Ein wenig ängstlich schaut sie ins Wasser, wo sich der Mondschein spiegelt. Dann nimmt sie all ihren Mut zusammen und läuft los.
Mit einem großen Sprung landet sie im Bach – mitten im Mondlicht. Eine wirbelnde Fontäne aus Wasser und Licht schleudert Anna und Sumsemann hinauf ins All.

In der Zwischenzeit wird Peter wach. Anna ist nicht mehr da! Und das Fenster ist weit geöffnet. Das kann doch nicht wahr sein! Wo steckt sie bloß? Er hat seiner Mutter doch versprochen auf Anna aufzupassen! So schnell er kann, klettert er aus dem Fenster und rennt über die Wiese. Von Weitem sieht er Anna am Bach stehen. „Warte!", ruft er – doch da springt sie bereits hinein.
Ungläubig verfolgt Peter, wie Anna aus seinem Blickfeld verschwindet. Ihm bleibt die Luft weg, als plötzlich eine Fontäne nach oben schießt. Mit Anna! Was soll er jetzt machen? Peter zögert keine Sekunde. Verzweifelt springt er hinterher, mitten hinein ins kalte Wasser! Rasend schnell saust auch Peter auf der Fontäne ins All …

Anna und Sumsemann sind bereits gelandet – allerdings gar nicht auf dem Mond, sondern auf einer wunderschönen Sternenwiese, direkt neben der Sternschnuppenschule.
Die Sternschnuppenkinder empfangen Anna und Sumsemann freundlich. Anna versteht sich sofort mit ihnen und macht sich mit Sternenstaub direkt dieselbe sternenförmige Frisur wie ihre neuen Freundinnen.
Noch während Anna und die Sternschnuppenkinder sich besser kennenlernen, ertönt plötzlich ein unheimliches Geräusch. Etwas Bedrohliches nähert sich der Schule …

Peter landet kurz darauf inmitten der wolkenbedeckten Sternenwiese, weit entfernt von der Sternschnuppenschule – direkt vor den Füßen des Sandmanns. Der ist zunächst gar nicht erfreut über Peters Ankunft. Er hat zu tun! Er will schließlich pünktlich unterrichten. Und vorher will er nicht gestört werden.
Aufgeregt berichtet Peter von seiner verschwundenen Schwester. Anna muss hier irgendwo gelandet sein! Da bemerkt er plötzlich schwarzen Rauch. „Was riecht denn hier so?“, fragt er.
„Meine Sternschnuppenschule brennt!“, ruft der Sandmann entsetzt. Sofort eilen die beiden los. Als sie näher kommen, machen sie eine furchtbare Entdeckung. Die Schule ist abgebrannt, die Sternschnuppen sind verschwunden und auch von Anna gibt es weit und breit keine Spur.

Zurückgeblieben ist nur Sumsemann. Peter und der Sandmann stellen ihn zur Rede und fragen, was hier geschehen ist, wer die Sternschnuppenschule niedergebrannt hat und wo Anna und die Sternenschnuppen nun sind.
„Sie haben Anna und die Sternschnuppen entführt“, erzählt er aufgeregt.
„Entführt? Wer hat sie entführt?“, Peter kann es nicht fassen.
„Ähem“, brummt Sumsemann verlegen, „das weiß ich nicht so genau. Ich habe mich totgestellt – wie es Käfer ebenso machen.“
„Was?“, ruft Peter entgeistert und schüttelt Sumsemann. „Wie konntest du Anna in so eine Gefahr bringen? Warum hast du meine Schwester nicht beschützt?“

Die drei dürfen jetzt keine Zeit verlieren und machen sich sofort auf die Suche. Da entdeckt der Sandmann ein Stück Mondstein – also müssen die Entführer vom Mond kommen!
„Aber wie kommen wir dahin?“, fragt Peter und rauft sich die Haare.
„Nun, ich hätte da etwas, das helfen könnte“, sagt der Sandmann. Er zaubert einen Schlitten herbei. „Nicht irgendeinen Schlitten“, prahlt er. „Wir reisen mit dem besten Schlitten der Galaxie!“ Zuerst müssen sie zur Nachtfee. Denn niemand darf den Mond ohne ihre Erlaubnis betreten.

Da ist nur ein Problem … „Die Nachtfee gibt heute ein Bankett für die Naturgeister“, erzählt der Sandmann. „Sie dabei zu stören, ist völlig ausgeschlossen.“ Er sieht nur einen Weg, wie sie zur Nachtfee kommen. „Wir nehmen am Milchstraßen-Rennen der Naturgeister teil“, erklärt der Sandmann. „Sechs fliegen um die Wette. Die ersten fünf dürfen das Schloss der Nachtfee betreten.“ – „Großartig, worauf warten wir?“, ruft Peter. Annas Rettung kann beginnen! „Äh, ja“, murmelt der Sandmann. „Nur leider habe ich den Palast der Fee bisher noch nie gesehen. Jedenfalls nicht von innen …“ Peter seufzt, der Sandmann hat das Rennen also noch nie gewonnen. Wie ihre Chancen dann wohl stehen, zur Nachtfee zu gelangen?

In der Zwischenzeit sind Anna und die Sternschnuppenkinder von ihren Entführern auf den Mond gebracht worden. Dort begegnet Anna dem Mondmann. Er war es, den die Nachtfee zusammen mit seinen zwei Begleitern vor vielen Jahren von der Erde auf den Mond verbannt hat! Als Strafe dafür, dass er die Birke, die Wiese und die Natur ringsum rücksichtslos zerstört hat, darf er den Mond nicht mehr verlassen.

Doch damit will sich der Mondmann nicht abfinden. Heimlich baut er an einer Mondkanone, mit der er die Nachtfee besiegen und sich aus ihrem Zauberbann befreien will. Gelingt ihm das, wäre er schon bald der Herrscher über das ganze Universum! „Ihr seid meine Geiseln und müsst alle für mich arbeiten."

Mit einem gemeinem Grinsen blickt der Mondmann auf die Sternschnuppenkinder und Anna hinab.

„Lass uns sofort gehen!", verlangt Anna.

Der Mondmann macht ihr keine Angst! Doch als er seine bösartigen Mondpudel herbeipfeift, gibt Anna sich vorerst geschlagen.

Die Gefangenen werden in eine Fabrik gebracht, wo sie an langen Fließbändern schuften müssen. Denn bis Sonnenaufgang soll die Mondkanone fertig sein!

Die zwei Handlanger des Mondmanns bewachen die Geiseln, aber es dauert nicht lange, bis Anna herausfindet, dass die beiden alles andere als helle sind. Geschickt spielt sie die beiden gegen den Mondmann aus. Denn sie ist fest entschlossen, nicht in dieser schrecklichen Fabrik zu versauern!

Aufmerksam beobachtet sie ihre Umgebung und sucht nach einer passenden Gelegenheit zur Flucht. Das ist nicht leicht, denn natürlich müssen die Sternschnuppenkinder mit. Niemals würde Anna sie allein zurücklassen!

Die erste Etappe ist geschafft: Peter erreicht mit Sumsemann und dem Sandmann den Start des Milchstraßen-Rennens – in allerletzter Minute. Der Milchstraßen-Mann stellt bereits lautstark die Naturgeister vor. Sturmriese und sein Donnerochse sind die Favoriten. Sie strotzen nur so vor Kraft. Mit seinen Pupsen fegt der Sturmriese alle Gegner vom Platz. Regen-Fritz dagegen setzt alles unter Wasser. Er gilt als Erfinder des schlechten Wetters – mit ihm will sich keiner anlegen!

Das gilt auch für die Blitzhexe. Sie ist hochexplosiv und immer auf Krawall aus! Hagel-Hans ist der Herrscher über Schnee und Eisregen. Kein leichter Gegner! Aber auch mit Frau Holle, die auf ihrer flauschigen Wolkengans reitet, ist nicht zu spaßen. Jeder Naturgeist will unbedingt einen Platz an der Tafel der Nachtfee ergattern!

Die Konkurrenz ist stark! Doch der Sandmann, Sumsemann und Peter stürzen sich, ohne zu zögern, ins Rennen. Schließlich geht es um Annas Rettung!

Die Route beginnt in der Parmesanwüste. Zunächst liegt der Sturmriese in Führung – mit zwei gewaltigen Fürzen vertreibt er zwei Mondkälber spektakulär von der Bahn. Doch dann stürzt er und Regen-Fritz übernimmt die Spitze des Rennens. Allerdings nicht für lange ... Hagel-Hans bremst ihn kurzerhand aus.

In der Magermilchschlucht wittert dann die Blitzhexe ihre Chance und sabotiert erfolgreich ihre Gegner.

Zur Überraschung aller hält der Sandmann auf seinem Schlitten mit. In rasanter Fahrt überholen sie Frau Holle auf ihrer Gans. Es sieht gut aus! Doch dann passiert es: Der Sandmann schläft am Steuer ein. Wie kann das sein? „Narkolepsie – die Schlafkrankheit“, haucht er noch, dann fallen ihm die Augen zu.
Oh nein! Peter übernimmt das Steuer. Er gibt alles, aber am Ende verlieren sie doch. Hilflos muss Peter mit ansehen, wie die fünf anderen Naturgeister an ihnen vorbeiziehen. Der Platz beim Bankett scheint verloren. Ihr Schlitten gerät ins Schleudern und mit einem gewaltigen Schwung werden die drei vor das Schloss der Nachtfee geschleudert. Immerhin, hier wollten sie ursprünglich ja auch hin!

Dem Sandmann, Peter und Sumsemann wird als Verlierern des Rennens der Zutritt zum Palast verwehrt. Doch damit will Peter sich nicht abfinden. Sie sind doch schon so weit gekommen!
Er überredet den Sandmann und Sumsemann dazu, sich an den Wachen vorbeizuschleichen und an der gewaltigen Palastmauer hinaufzuklettern.
Dabei hat Sumsemann sogar Höhenangst! Bis Peter ihn daran erinnert, dass er doch auch fliegen kann … Wenig später erreichen die drei die Kuppel und schauen hinunter in den Thronsaal der Nachtfee.

Dort begrüßt die Nachtfee gerade ihre Gäste und gratuliert ihnen zu dem erfolgreichen Rennen. Die Naturgeister fühlen sich geehrt, denn die Nachtfee ist eine ganz besondere Erscheinung. Nur manchmal wundern sie sich, wenn sie mal wieder kurz in ihre Traumwelt abschweift, doch jedes Mal kehrt die Nachtfee mit ihrer Aufmerksamkeit zurück zu ihrer Tafel und den Besuchern. Im Palast werden nun die köstlichsten Speisen aufgetragen.

Erfreut stürzen sich die Naturgeister auf das leckere Mahl. Auch wenn der Sturmriese zunächst seine Überraschung über das vegetarische Abendessen nicht recht verbergen kann. Doch zu seinem Erstaunen schmeckt es vorzüglich.

Alle unterhalten sich großartig und freuen sich über das gelungene Rennen. Regen-Fritz schwärmt für die Blitzhexe und macht ihr Komplimente, aber diese ist dafür gar nicht empfänglich. Genervt wimmelt sie ihn ab.

Atemlos verfolgen Peter, der Sandmann und Sumsemann das Geschehen unter ihnen im Saal – bis es plötzlich laut knackt. Schon stürzen die drei durch das Dach und plumpsen in die gigantischen Suppenschalen.

„Oh, es gibt doch noch Fleisch!", ruft der Sturmriese erfreut, als Sumsemann direkt vor seiner Nase landet.

Zum Glück rettet die Nachtfee den Käfer gerade noch rechtzeitig davor, zur Hauptspeise zu werden. Die Blitzhexe will sich auf die Eindringlinge stürzen, aber die Nachtfee hält sie zurück. Beleidigt verschwindet die Blitzhexe aus dem Palast.

Nun möchte die Nachtfee gerne den Grund für den stürmischen Auftritt der Überraschungsgäste wissen. Peter erzählt von Sumsemanns Schicksal, dass seine Schwester entführt wurde, und bittet darum, den Mond betreten zu dürfen. Denn er muss unbedingt seine Schwester befreien!

Die Nachtfee schüttelt den Kopf „Ausgeschlossen! Das ist viel zu gefährlich, schau dich doch mal an“, verkündet sie. „Nur ein wahrhaft starker und mutiger Held sollte den Mond betreten.“

Peter gibt nicht auf. „Anna ist dort auf dem Mond und wir müssen sie bis zum Sonnenaufgang retten, sonst muss sie für immer dortbleiben“, fleht er, aber die Nachtfee bleibt bei ihrer Meinung. „Mutig und stark zu sein hat doch nichts mit der Körpergröße zu tun!“, ruft Peter. „Mein Vater hat immer davon geträumt, zum Mond zu fliegen. Aber er starb, bevor er das konnte. Ich habe jetzt die Chance, seinen Traum zu erfüllen und meine Schwester zu retten.“ Entschlossen dreht er sich um. „Und das werde ich tun, ob Sie es erlauben oder nicht.“

Die Naturgeister sind gerührt von Peters Rede.
Auch die Nachtfee ist ergriffen. Zu seiner Erleichterung ändert sie ihre Meinung. Peter darf auf den Mond reisen! Sie lässt die drei ziehen und bietet ihnen sogar einen Ritt auf ihrem Bären an.
Peter staunt über den „Kleinen Bären“.
Er ist riesengroß. Sumsemann schluckt bei seinem Anblick – und fällt in Ohnmacht.

Doch halt! Die drei sollen nicht auf dem kleinen, sondern auf dem großen Bären zum Mond reiten! Der wiederum ist wahrhaft gewaltig … Peter ist begeistert!

Anna gibt in der Zwischenzeit nicht auf.
„Ich muss Pipi“, beschwert sie sich bei der Wache in der Fabrik. „Und zwar dringend!“
Die beiden Wächter zögern, aber da beginnen auch die Sternschnuppenkinder zu rufen: „Ich muss auch Pipi! Ich auch!“
„Was, Sternschnuppen müssen auch zur Toilette?“, wundern sich die Gehilfen. „Das stand aber nicht in der Bedienungsanleitung.“
Während sie noch verwirrt überlegen, stürzen die Kinder an ihnen vorbei aus der Fabrik.

Doch draußen lauern schon die Mondpudel und umzingeln die Fliehenden. Anna handelt blitzschnell. Sie wirft kleine Mondsteine in alle Richtungen und die Pudel rennen hechelnd hinterher. Schnell weg von hier! Atemlos laufen die Kinder weiter, aber unterwegs stürzt Anna plötzlich in ein tiefes Loch.

Vorsichtig tappt Anna durch einen langen Tunnel und gelangt zu einer unterirdischen Höhle. Dort belauscht sie ein Gespräch zwischen dem Mondmann und der Blitzhexe. Sind die beiden etwa ein Paar? Die Blitzhexe will gemeinsam mit dem Mondmann die Nachtfee von ihrem Thron stürzen. Anna erschrickt, aber dann bemerkt sie noch etwas: Der Mondmann tut ja nur so, als würde er mit der Blitzhexe zusammenarbeiten wollen. In Wirklichkeit will er allein herrschen!
„Ein Menschenjunge ist auf dem Weg hierher“, berichtet die Blitzhexe die neuesten Nachrichten aus dem Palast. „Er will seine Schwester befreien.“
Der Mondmann ist nicht beeindruckt: Schon bald wird er Herrscher über das Universum sein! „Flieg schnell zurück, bevor die anderen etwas merken“, bittet er die Blitzhexe. Er will inzwischen alles tun, um die Mondkanone fertig zu bauen.

Unbemerkt schleicht Anna sich aus der Höhle und trifft kurz darauf die Sumsefrau. Doch die Freude über ihre Begegnung währt nur kurz. Die Sumsefrau ist angekettet und kann nicht mit Anna davonlaufen. Wütend zerrt Anna an den Fesseln, aber es gelingt ihr nicht, die Sumsefrau zu befreien.

Plötzlich hören sie ein Geräusch. Die beiden Wächter sind im Anmarsch! Anna wird entdeckt und für eine der Sternschnuppen gehalten. Die Helfer des Mondmanns schnappen sie und bringen sie zurück zu den anderen Sternschnuppen, die in der Zwischenzeit erneut gefangen genommen wurden.

Dieses Mal dürfen die Sternschnuppenkinder nicht entwischen! Bedrohlich umkreisen die Mondpudel ihre Gefangenen. Die Lage ist aussichtslos. Alle sind verzweifelt, nur Anna gibt nicht auf.

Da taucht der Mondmann auf und betrachtet nachdenklich die Gruppe. Welche von ihnen ist wohl die Schwester des Menschenjungen? Er fragt, wer von ihnen Anna sei, aber ihre Freundinnen beschützen sie. Der Mondmann gibt sich scheinbar geschlagen, doch dann wendet er plötzlich eine List an. Anna verrät sich selbst und wird kurz darauf zusammen mit der Sumsefrau in ein Gefängnis gesperrt.

Vor ihrer Abreise geben die vier Naturgeister Peter noch einige kostbare Geschenke mit. „Wenn ihr etwas braucht, dann kommen wir jederzeit“, bieten sie ihm an.
„Du musst uns nur rufen.“ Peter freut sich über die unerwartete Hilfe.

Die Rettungsaktion beginnt! Entschlossen klettert Peter auf den Rücken des Großen Bären. Während sie durch das Weltall reiten, muss Peter immerzu an seinen Vater denken. Dieser hat den Mond nie erreicht – nun wird es Peter gelingen. Ob sein Vater wohl stolz auf ihn wäre? Peter genießt die Reise und den Anblick der wunderschönen, farbenfrohen Galaxien aus vollen Zügen. Auch die entgegenkommenden Gesteinsbrocken machen ihm keine Angst.

Nach einiger Zeit erreichen sie den Mond. Peter verabschiedet sich von dem Großen Bären und winkt ihm dankbar nach.
Die drei marschieren los und entdecken nach einer Weile ein verlassenes Raumschiff. Sumsemann fliegt umher und hält Ausschau nach Gefahren.
„Die Mondpudel!", ruft er entsetzt. „Da kommen die Mondpudel!"
Der erste Pudel wird problemlos abgewehrt. Der Sandmann streut ihm einfach Schlafsand in die Augen, woraufhin der Pudel schlafend auf den Boden sinkt. Doch es kommen noch mehr! Für so eine große Meute reicht der Schlafsand nicht!

Hastig bringen sich Peter, Sumsemann und der Sandmann vor den knurrenden Pudeln in Sicherheit. Mucksmäuschenstill kauern sie sich in das Raumschiff. Zum Glück entdecken die Pudel und die Wächter sie hier nicht!

Sobald die Pudel verschwunden sind, wollen der Sandmann und Sumsemann entmutigt aufgeben und zurück zur Erde reisen. Sie sind erschöpft und fühlen sich hilflos und schwach. Und: Die Zeit drängt! Bald ist Sonnenaufgang und wenn sie bis dahin nicht verschwunden sind, müssen sie für immer auf dem Mond bleiben.
„Was können wir drei schon ausrichten?", sagt der Sandmann hoffnungslos. „Wir sind doch viel zu schwach."
Doch das will Peter nicht gelten lassen. „Wenn wir zusammenhalten, können wir alles erreichen! Wir sind doch keine Feiglinge! Zusammen sind wir stark!"

Der Sandmann und Sumsemann schauen sich an. Ihr Mut und ihre Lebensgeister kehren zurück.
So leicht geben sie sich doch nicht geschlagen! „Mir nach, ihr Schlafmützen!“, ruft Sumsemann und springt aus dem Raumschiff.
Mit neuem Mut machen sich die drei wieder auf den Weg. Kreuz und quer wandern sie über den Mond. Peter schaut sich verzweifelt um. Die Zeit rennt ihnen davon.
Da entdeckt er ein herrenloses Fahrzeug. Schon brettern sie los. In halsbrecherischer Fahrt geht es bergauf und bergab und die ganze Zeit spielt Sumsemann auf seiner Geige. Das hilft ihm gegen die Angst.

Im Gefängnis hört Sumsefrau das wilde Geigenspiel. Diese Melodie kennt sie doch! Sie holt ihre Mundharmonika heraus und beginnt ebenfalls zu spielen. Sie weiß, dass es ihr geliebter Sumsemann ist, der auf dem Weg zu ihr ist!
Aufgeregt schaut Anna durch die Gitterstäbe. Ist Peter etwa auch dabei? „Die sind aber schnell!", ruft sie, als das Fahrzeug in einem Affenzahn auf ihr Verlies zubraust.

Krachend brettert der Wagen in das Gefängnis und zertrümmert die Gitterstäbe. Kurz darauf fallen sich Sumsemann und Sumsefrau überglücklich in die Arme.

„Meine Sumsefrau!“, stottert Sumsemann. „Ich dachte, ich hätte dich damals für immer verloren.“ Sie können es kaum fassen, dass sie sich hier wiedersehen und nun endlich wieder vereint sind.

Auch Anna rappelt sich auf. „Peterchen!“, ruft sie begeistert und stürzt auf Peter zu.

Erleichtert nimmt Peter sie in die Arme und wirbelt sie herum. „Ich lasse dich nie wieder allein!", verspricht er. „Und jetzt komm schnell weg hier!"
Er will Anna so rasch wie möglich in Sicherheit bringen. Bevor es zu spät ist!
Die Zeit drängt. Denn der Mondmann macht schon die Mondkanone zum Abschuss bereit. Gleich wird er damit die Nachtfee angreifen!

Doch Anna weigert sich zu gehen. „Sie brauchen uns hier!“, ruft sie. „Die Sternschnuppen sind in Gefahr! Der Mondmann will die Kanone zünden und die Nachtfee besiegen. Wir müssen etwas tun, um sie alle zu retten! Sonst wird der Mondmann endgültig zum unbesiegbaren Herrscher über das gesamte Universum.“

Peter zögert. Alles in ihm wünscht sich, endlich mit Anna zur Erde zurückzukehren und sie beide in Sicherheit zu bringen. Aber Anna bleibt standhaft. Sie wird ihren Freunden helfen! Peter ist nun auch überzeugt: Er wird Anna und die anderen nicht alleinlassen!

Entsetzt beobachten die Freunde, was sich unten bei der Mondkanone tut. Der Mondmann verkündet lautstark den Angriff. Die Blitzhexe kann kaum erwarten, bis es endlich losgeht. Und nun? Da hören sie lautes Gebell. Die Mondpudel sind im Anmarsch!
„Die schon wieder!", ruft Anna genervt.
Die Sternschnuppen singen und bitten den Sandmann um Hilfe.
„Wo bleibst du nur?", rufen sie. Ausgerechnet jetzt sinkt der Sandmann in den Schlaf! Dabei kämpfen doch gerade alle!
„Oh nein! Bitte, wach auf!", ruft Anna.
Die Pudel rücken immer näher. Plötzlich taucht auch die Blitzhexe auf und schleudert ihre Blitze über das Mondfeld.

Peter versucht den Überblick zu behalten. Da bemerkt er, wie der Mondmann auf die Kanone zugeht. Gleich ist sie startklar! Und dann wird der Palast der Nachtfee angegriffen. Plötzlich kommt Peter ein Gedanke. Er hat doch noch die Geschenke der Naturgeister!
„Naturgeister!“, ruft er. „Wir brauchen eure Hilfe!“
Der Mondmann wähnt sich inzwischen schon so gut wie am Ziel.
„Gleich gehört alles mir. Die Sonne, die Erde ... das ganze Universum!“ Kurzerhand startet er die Kanone. Ein Schuss löst sich und streift den Palast der Nachtfee. Die Nachtfee ist wütend. Was bildet sich dieser unverschämte Mondmann ein?! Erbost begibt sie sich auf den Weg zum Mond.
„Ha, ha!“, lacht der Mondmann. „Das war ein kleiner Warnschuss.“ Der nächste Schuss wird den Palast zerstören.

Peter stürzt zum Mondmann, dabei ist der Mondmann viel stärker als er! Der Mondmann versucht Peter auf seine Seite zu ziehen. „Komm zu mir, Peterchen. Wir könnten Freunde sein. Ich werde dein Vater sein", lockt er ihn. Aber Peter lässt sich nicht übers Ohr hauen. „Ich lasse nicht zu, dass du alles zerstörst."

Der Mondmann lacht höhnisch. „Willst du wirklich zu diesen Versagern gehören?"

Da bemerkt Peter, dass die Blitzhexe hinter dem Mondmann landet. „Was bietest du mir denn an?", fragt er den Mondmann.

„Wir beide teilen uns das ganze Universum", antwortet der Mondmann triumphierend. „Und was ist mit der Blitzhexe?", fragt Peter unschuldig. Der Mondmann lacht. „Ach, diese durchgeknallte Zündkerze habe ich bloß ausgenutzt!"

Die Blitzhexe hört alles mit an und ist entsetzt, dass der Mondmann sie nur ausgenutzt und so lange Zeit belogen hat..
„Wie bitte?", schreit sie dem Mondmann entgegen.
Dieser hebt die Hände. „Ach, das habe ich doch nicht so gemeint!" Doch die Blitzhexe traut ihm nun nicht mehr. Voller Zorn schleudert sie gleißende Blitze und sperrt den Mondmann in einen Käfig aus Blitzen ein. Tieftraurig sinkt sie dann auf die Treppe. „Mir tut das alles so leid! Ich hab das alles doch nur gemacht, weil ich so einsam war." Peter tröstet sie. „Du bist doch gar nicht allein." Er zeigt auf Regen-Fritz, der in diesem Moment mit seinem Schirm zu Boden gleitet.
„Ach hallo, meine liebe Blitzhexe, ich freue mich dich wiederzusehen", begrüßt er sie fröhlich.

Erleichtert versammeln sich die Freunde. Sie haben es geschafft! Sie alle haben den Mondmann besiegt. Das Universum ist gerettet! Da taucht plötzlich die Nachtfee auf.
Energisch verbannt sie den Mondmann und seine beiden Gehilfen auf den Mars. Von dort kommen sie so schnell nicht wieder weg! Und es ist deutlich ungemütlicher als auf dem Mond. Der Mondmann schwört Rache, doch niemand hört sein Gebrüll.

Die Nachtfee bedankt sich bei den Rettern des Universums. Zur Strafe bekommt die Blitzhexe drei Monate Blitzverbot. Immerhin hat sie mit dem Mondmann zusammengearbeitet.
„Und du wirst Peterchen immer helfen, wenn er dich ruft und braucht“, verkündet sie.
Die Birke wird wieder auf die Erde versetzt und der Sumsemann bekommt seinen Arm zurück. Jetzt können Sumsemann und Sumsefrau dort wieder in Frieden leben.
Und dann streut der Sandmann Peter und Anna ein bisschen Schlafsand in die Augen. Sofort fallen ihnen die Augen zu.

Am nächsten Morgen erwachen Anna und Peter in ihrem Bett. Zunächst glauben sie an einen Traum, aber dann entdecken sie den Sumsemann am Fenster. Fröhlich laufen die beiden hinaus auf die Wiese, um zu schauen, ob die Birke wirklich wieder an ihrem alten Platz steht.
Und siehe da, sie ist es! Die beiden begegnen auch Sumsemann und Sumsefrau, die ausgelassen mit Freunden und Familie auf ihrer Birke musizieren. Glücklich laufen Peter und Anna weiter zur Schule. Welche neuen Abenteuer warten wohl noch auf sie?